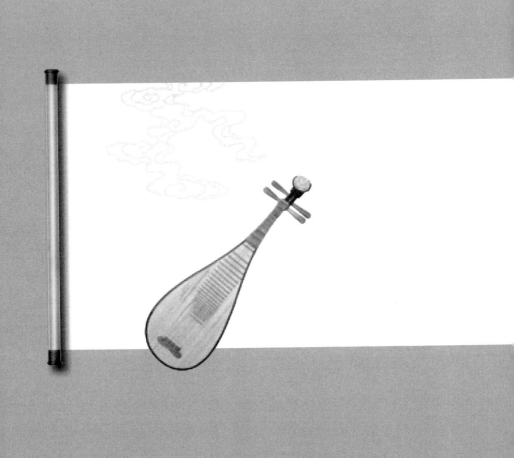

才貌双绝
——萧观音

◎ 主编　金开诚

◎ 编著　张　博

吉林出版集团有限责任公司

吉林文史出版社

图书在版编目（CIP）数据

才貌双绝——萧观音 / 张博编著 . —长春：吉林
出版集团有限责任公司：吉林文史出版社，2010.11（2022.1重印）

ISBN 978-7-5463-4160-6

Ⅰ.①才… Ⅱ.①张… Ⅲ.①萧观音（1040～1075）
－传记 Ⅳ.①K825.6

中国版本图书馆CIP数据核字（2010）第222280号

才貌双绝——萧观音

CAIMAO SHUANGQUAN XIAOGUANYIN

主编/ 金开诚 编著/张 博

项目负责/崔博华 责任编辑/崔博华 刘姝君

责任校对/刘姝君 装帧设计/柳甬泽 王丽洁

出版发行/吉林文史出版社 吉林出版集团有限责任公司

地址/长春市人民大街4646号 邮编/130021

电话/0431-86037503 传真/0431-86037589

印刷/三河市金兆印刷装订有限公司

版次/2010年11月第1版 2022年1月第6次印刷

开本/650mm×960mm 1/16

印张/9 字数/30千

书号/ ISBN 978-7-5463-4160-6

定价/34.80元

前　言

　　文化是一种社会现象，是人类物质文明和精神文明有机融合的产物；同时又是一种历史现象，是社会的历史沉积。当今世界，随着经济全球化进程的加快，人们也越来越重视本民族的文化。我们只有加强对本民族文化的继承和创新，才能更好地弘扬民族精神，增强民族凝聚力。历史经验告诉我们，任何一个民族要想屹立于世界民族之林，必须具有自尊、自信、自强的民族意识。文化是维系一个民族生存和发展的强大动力。一个民族的存在依赖文化，文化的解体就是一个民族的消亡。

　　随着我国综合国力的日益强大，广大民众对重塑民族自尊心和自豪感的愿望日益迫切。作为民族大家庭中的一员，将源远流长、博大精深的中国文化继承并传播给广大群众，特别是青年一代，是我们出版人义不容辞的责任。

　　本套丛书是由吉林文史出版社和吉林出版集团有限责任公司组织国内知名专家学者编写的一套旨在传播中华五千年优秀传统文化，提高全民文化修养的大型知识读本。该书在深入挖掘和整理中华优秀传统文化成果的同时，结合社会发展，注入了时代精神。书中优美生动的文字、简明通俗的语言、图文并茂的形式，把中国文化中的物态文化、制度文化、行为文化、精神文化等知识要点全面展示给读者。点点滴滴的文化知识仿佛颗颗繁星，组成了灿烂辉煌的中国文化的天穹。

　　希望本书能为弘扬中华五千年优秀传统文化、增强各民族团结、构建社会主义和谐社会尽一份绵薄之力，也坚信我们的中华民族一定能够早日实现伟大复兴！

目录

一、貌似观音萧家女

萧观音（1040—1075 年），小字观音。其名、字均无可考知，为道宗耶律洪基之妻，史称懿德皇后，为圣宗钦哀皇后弟枢密使萧惠之女。《辽史》后妃传中，称其："姿容冠绝，工诗，善谈论。自制歌词，尤善琵琶。"萧观音之所以被后人屡次提及，并不是因她为一朝皇后，而因其是辽代最杰出和最有代表性的契丹族作家。

辽为契丹人所建，是宋时盘踞在北

方的一个强大帝国。契丹是中国北方古老的少数民族之一，属鲜卑族的一支。据北魏文献记载，契丹族最初在潢水（今内蒙古西拉木伦河）流域活动，以游牧渔猎为生。唐初年，契丹族由分散的部落形成了部落联盟，经首领们共同商讨，推举出一个掌握了部落联盟大权的人，称为可汗。在鲜卑语中，"可汗"意为"神灵、上天"，这里借指最高统治者。天复二年（902年），出身迭剌部世里家族的耶律阿保机，通过征伐河东、代北、室韦和奚族等部逐渐掌握了政治大权。后梁开平元年（907年），阿保机被推举为可汗。据史书记载，贞明二年（916年）阿保机应百官之请，即皇帝位，尊号为大圣大明天皇帝，建国号契丹，建元神册，建都临潢（今内蒙古巴林左旗南），是为上京。926年，阿保机在征服渤海国会师途中去世，庙号太祖，史称辽太祖。其了耶律德光即位，即辽人宗。947年，

德光在征服后晋后，入汴京（今河南开封）改国号为辽，改元大同。至此，辽作为北方一个少数民族政权的称号，被正式载入史册。它与宋、西夏共同谱写了916年至1125年间的中国历史。

由于居住在北半球温带地区，这里的冬季漫长寒冷，为了能够让牛羊吃到鲜美的青草，维持本民族人民的生活，辽统治者每年都会举行大规模的向南迁徙活动。这一举动侵犯了宋朝的疆域，为此两国展开了长达二十五年的战争。

战争是残酷的，但同时也带来了两国科技文化等各方面的交流，更确切地说是辽的不断汉化。至辽道宗耶律洪基时期（1055—1101年）汉化基本完成。辽的文学、科技、艺术各方面都不同程度地染上了中原文明的色彩。尤其在文学方面的创作，更是颇有宋人之风。萧观音则兼取了两家之长，她那时而豪放不羁，时而细腻委婉的笔触，更是被后人津津乐道，妇孺皆知。

萧氏一族自阿保机称帝时起，便世代与皇族耶律氏结为连理，也被称为后族。萧观音为太祖淳钦皇后弟阿古只六世孙，圣宗钦哀皇后侄，兴宗仁懿皇后与其为叔伯姊妹。萧观音的父亲萧惠，更是兴宗朝赫赫有名的宰相。君臣二人时常在一起商讨国事。在得知贤相妻子有喜之后，兴宗便乐滋滋地为这个未出世的孩儿定了终身。如果为女，则嫁给太子；为男，则子承父业。萧惠对皇上的谕旨更是不敢怠慢，连忙叩头谢恩。直到萧观音的出世，这一桩娃娃亲便这样定下了。

相传，萧观音的母亲耶律氏，在怀孕时总是做这样一个梦：她梦见自己在荒凉的野外，漫天黄沙，一眼望不到边。渐渐地，夕阳西下，黑夜驱走了最后一点光亮。突然，她感到体内有一股暖流

在涌动，之后怀中便出现了好大一轮明月。它是那样的明亮，仿佛一切黑暗都不能抵挡住它那耀眼的光芒。明月徐徐上升，照耀着每一寸大地，如同白昼一般。正当她对这轮圆月赞叹不已时，一片突如其来的乌云，将它遮盖住了。随后月光转淡，慢慢地收起了她所有的光线，最终消逝在无尽的黑夜之中。萧惠听妻子总是谈及此梦，便也十分不安。一次偶然的机缘，他碰到了一位道士。道士听

他讲完妻子所做之梦后，皱了皱眉说此梦不吉。明月出自体内，说明你儿必定为大贵之人；上升到万里空中，指他（她）日后必为人中龙凤；可命运不济，最终被乌云遮盖，预示着他（她）要亡于非命。听了道士的讲解，吓得萧惠一身冷汗，慌忙回到家中。妻子见丈夫神情如此沉重，便问出了什么事。萧惠便将道士的话一五一十地讲给了妻子。耶律氏一听，便瘫坐到了地上。萧惠赶紧将妻子扶起，二人四目相对不知如何是好。

十月怀胎，终于等来了耶律氏临盆的消息。萧惠既高兴又担心。耶律氏望着自己刚出世的女儿那白嫩的肌肤、好奇的眼睛，她是那么的可爱。一想到道士的话，耶律氏不禁流下了眼泪。时间过得飞快，转眼一年过去了。这个小女娃也开始学会走路了，夫妻商量着为她取个名字。看她圆乎乎的脸蛋，细长的眉毛和透亮的双眸，萧惠决定叫她观音。

一是觉得这个孩子长了一副观音相，再则是希望观世音菩萨能够保佑她一生平安。小观音就这样无忧无虑地成长着，耶律氏更是视她为掌中宝，亲自教她识字、读书。小观音识字能力很强，似乎在耶律氏肚子里的时候就开始了学习，所以无论什么字只要教她一遍，她便能记得很牢。在1岁半的时候，小观音就能够自己看书了。她总喜欢自己拿着书翻来翻去，咿咿呀呀地念个不停。在三四岁的时候便能读《诗经》《论语》了。萧惠见女儿如此好学，还特地为她请来了京城最有学识的老师进行辅导。小观音十分刻苦，每次先生教授新的文章时，她都能认真做好笔记。萧惠告诉女儿，学过的东西要及时进行温习，只有不断地背诵、思考，才能更好地理解文章的意境。小观音一直对父亲都很崇拜，因为听大人们说父亲是一个很有学问的人。因此父亲的话，小观音总是谨记在心。一次，萧惠夫妇带小观音去集市上玩，兴高采烈的她，一会儿摸摸这，一会儿看看那，似乎对什么都很好奇。萧惠给小观音买了冰糖葫芦，让她乖一些，就在他为妻子挑选发簪的时候，耶律氏突然发现小观音不见了。这可急坏了萧惠夫妇，她们找遍了这个集市，也没有找到小观音的身影。就在二人打算调集家

丁来找的时候，一个仆人发现了小观音。原来小观音站在了弹琵琶卖艺的老人那里。萧惠松了一口气，走到小观音身旁，看着孩子痴痴的眼神，萧惠知道她是被这悠扬清脆的琵琶声吸引了。回到家后，便派人到最好的琵琶店，买来了上好的琵琶，让小观音学。小观音抱着琵琶，笑开了花，说自己一定不会辜负父亲的希望。就这样，学琵琶和四书五经，成

了小观音每天的必修课。她很快乐地过着每一天。

就这样，到了1050年，此时的萧惠已经66岁了，而小观音也长成了11岁的大姑娘。这年冬天，萧惠按照习俗为自己举办了盛大的寿宴。那一天，萧府上下张灯结彩，无论走到哪里都可以看到偌大的寿字，细心的耶律氏更是特地请来了京城最好的乐师和杂耍艺人，来为宴会增添气氛。经过一番精心的布置之后，这个家看起来喜气洋洋的。萧观音也盼望着这一天的到来，为了父亲的寿宴，她准备了一个多月。这段日子她每天勤练琵琶，就是希望能在寿宴上为父亲弹奏一曲，当做贺礼。所以这一天，她早早就起床了，开始梳洗打扮，还穿上了父亲为自己新买的衣服。一切准备好了之后，便在屋里等着宴会的开始。听着外面越来越热闹，反倒让喜欢清净的萧观音有些不适应。傍晚，宴会开始，首

先是朗诵由皇上亲拟的贺词，兴宗那亲切、祝福的话语感动得萧惠老泪纵横，萧惠连忙拜谢皇恩。接着便是大臣们鱼贯似的祝寿。最后，方轮到儿女的献礼。待几个哥哥献上为父亲准备的礼物后，身为小女儿的萧观音才抱着琵琶从内室走了出来。几句简短但很有诗韵的祝福后，她便为父亲献上了自己精心准备的礼物——一首琵琶曲。那声声清脆如珠落玉盘的弹拨，加上琵琶独有的音质，使在场的每一个人都为萧观音的孝心所深深打动。萧惠望着自己心爱的女儿——她是那么的美丽、乖巧，就像是上天赐给自己的礼物，精致而珍贵。想到这，他不禁哽咽了。一曲终了，萧惠带头为女儿精湛的技艺鼓掌，接着，宴会厅便响起了雷鸣般的掌声，这倒让萧观音有些不好意思，拜谢过父亲后便匆匆回到了内室。一场寿宴就这样在热闹中结束了。日子又回复到了以往的平静。

　　因为父亲的关系，萧观音总能接触
到汉人，在听他们讲述中原文化和诗词
歌赋时，萧观音便对此有了兴趣。虽然
父亲不主张她过多涉猎汉文，但她自己
喜欢，父亲也就没有再干涉。她不仅读
唐诗宋词，还喜欢中原的山水画和音律。
对每一首诗、每一幅画、每一篇音律，
她都细细品味、反复推敲。经过了两年
的体会和学习，萧观音的文学底蕴得到
了很大提高。她的诗画更是文人争相议

论的对象，于是萧观音这个名字在京城逐渐被传开了。就连宫中的侍卫、宫女们也都竞相传诵：萧宰相的女儿是个才貌双全的姑娘。

此时，21 岁的皇太子耶律洪基快到选妃的年龄了。仁懿皇后最近正在为这件事情奔波忙碌。偶然间听到宫女们闲聊时的对话，让她茅塞顿开。原来，自己的弟弟生养了如此一位绝代佳人。于

是，细心的仁懿皇后就以进宫探亲之由，邀请萧惠一家进宫。打算看看自己从未谋面的外甥女。

第一次来到皇宫的萧观音，紧紧地跟在母亲的身后，头也不敢抬。心里一直想着一会儿见到皇后要说的话。走了约半个时辰，才来到了皇后的寝宫。此时萧观音仍低着头，由父亲领着，给皇后行了礼。直到听皇后亲切地叫自己的名字，让自己到她身边去的时候，萧观音才敢把头抬了起来，碎步走到皇后面前。仁懿皇后上下打量着这个美人胚子，让她坐到自己的身边，笑着问多大了。萧观音小声应答说："小女今年 11 岁。"仁懿皇后心想，这正是自己要找的太子妃。还没等她开口，耶律洪基满头大汗地跑了进来。站在一旁的萧惠夫妇连忙给太子行礼。可耶律洪基并没有注意到萧宰相的存在，两眼直愣愣地盯着萧观音。萧观音也被这突然闯进来的人，吓了一

跳。看见父母为他行礼，便也照着做了。耶律洪基三步变两步，来到了萧观音面前，将她轻轻扶起。洪基仔细看着眼前的美人儿，细细弯弯的眉毛下，长着一双杏仁似的眼睛，挺挺的鼻子下，是一个粉红色的小嘴。圆润嫩白的脸上，泛起了阵阵红晕。在一旁观察的仁懿皇后，看萧观音害羞地低下了头，便赶紧拉回太子。笑着训斥道："怎可拉着人家不放！"

在赐宴上，耶律洪基更是不时用眼睛瞄着萧观音，生怕她一下子就不见了。在席间闲聊中，萧观音以她那儒雅的谈吐和贤淑的举止，深得仁懿皇后喜爱。同样推崇儒学、喜欢诗文的耶律洪基，听到她师从汉儒的时候，兴奋地从座位上站了起来，立即与她攀谈了起来。原本有些拘谨的萧观音，在与太子的对话中渐渐放松了起来。宴会结束的时候，两个人便成为了知己。洪基舍不得萧观音的离开，但无可奈何地对她说了再见。

此后的几天，洪基总是一个人坐在屋子里发呆，有时还莫名其妙地傻笑。甚至在先生教书的时候，也总是心不在焉地望着窗外。见太子近日精神恍惚，体贴的仁懿皇后问他是不是病了，太子摇了摇头，默默地回到了自己的寝宫。一日，母子二人闲聊时，提到了萧惠那个美丽又有修养的小女儿，刚刚还沉默寡言的太子，一下子来了精神，对她的才学

大加赞赏。这时，仁懿皇后才明白，原来太子已经被萧观音深深吸引了。知道了儿子的心意后，仁懿皇后便经常邀请萧观音来宫中做客，而洪基更是借着与她一同鉴赏诗词的机会，拖延见面的时间。

　　而身在萧府的耶律氏却十分担心女儿的状况，因为那个道士的话无时无刻不在她耳边回响，但看女儿每次去见皇后和太子都很开心，自己也不能阻止。耶律氏感觉到前所未有的无助。她知道，皇后看中了自己的女儿，想让她作太子妃。可为了让女儿免遭无妄之灾，耶律氏便与萧惠商量，将女儿送去寺院待上一段时间，等到太子妃另有人选的时候，再将女儿接回来。于是，萧惠以让女儿参佛为由，将她送到了山里的寺庙。虽然不知道父亲为什么要将自己送到庙里，但身为女儿的萧观音还是依从父母之命，来到了离京城不远的寺院。这里依山傍水、风景秀丽，是个休养身心的好地方，每天念佛诵经的生活能让她更加淡定。
虽然刚开始不太习惯，可时间久了便也不
自觉地喜欢上了这里。另一方面，太子
在得知萧观音到寺院参佛的消息后，大
怒，冲动地说要让父皇惩治萧惠。但仁
懿皇后阻止了儿子这个幼稚的想法。她
劝告儿子，不能整日沉湎于儿女私情，应
以国事为重，要多学一些理政的方法，
多结交一些朝中的忠臣志士。并承诺只
要他成为了一名贤德的储君，她便会亲自
出面，促成这段姻缘。听了母亲的一席

话后，洪基当即拍着胸脯说自己一定会用心学习，成为一个好储君，不让母后失望。果然，在此后的两年里，洪基勤于政务，成了兴宗最得力的助手，而且还在兴宗南伐的时候，代替父亲处理国政。仁懿皇后见儿子一天比一天成熟、稳重，内心十分宽慰。但见他终日陷于相思之中，又觉得有些不近人情。于是她找了个机会，将太子的心事，告诉了兴宗。兴宗

听后，立即许诺达成此事。第二日早朝后，兴宗留住了萧惠，命他将女儿从寺院接回来，准备入宫做太子妃。萧惠无法反驳，只好应声称是。

　　两年寺院的生活，就像这里的山泉水一样清淡而绵长。每日的参佛，更使她看透了许多世间的困惑，她变得更加理智和豁达了。父亲的书信，让她尽早地结束了诵经的生活，回到了阔别已久的家。耶律氏更是早早站在门外等候，希望能尽快看到那个自己无数次梦到的甜美笑容。母女相见，泪洒庭院。一番短暂的叙旧之后，耶律氏将皇上的谕旨告诉了女儿。虽然耶律氏有诸多留恋，但还是忙里忙外地帮女儿准备出嫁事宜。表面上欢喜的父母，却常常在晚上抹泪，似乎女儿的命运不是他们所能改变的，她终究还要成为人中凤。经过了几个月的繁琐准备，在 1053 年，萧观音被太子耶律洪基纳为妃。

二、德才兼备辽国后

就在萧观音入宫的第三年，重熙二十四年（1055年），兴宗驾崩。在洪基还没能从悲伤中解脱的时候，便被安排举办了登基大典。那一天，洪基被早早地唤起，宫女们站成一排井然有序地为他沐浴更衣、梳洗打扮。当天蒙蒙亮的时候，才完成了最后一项程序——着国服衮冕。洪基头戴衮冠，身着络缝红袍，饰犀玉带错，脚踏络缝靴。穿戴好之后，便随着大臣们去往大殿。登基仪式上，洪基面容平和，稳重却不失威严。在念过兴宗的遗诏后，洪基被正式册封为大辽国第八代君王。庙号道宗，改元清宁。接下来便是接受百官的朝贺及外国使臣的朝拜。就这样，在庄严的仪式过后，洪基成了道宗，仁懿皇后被尊为皇太后，萧观音被册封为懿德皇后。

刚刚入主后宫的萧观音一时间还不能适应皇后的身份和生活。相传，正当她坐在寝宫双眉紧锁，想要如何安排后宫嫔妃之时，一块白色的手帕随风轻轻地飘到了萧观音面前。萧观音仔细端详着这块手帕，做工和式样都很普通，不

像是宫廷之物，在手帕的一角，还浅浅地绣着"三十六"的字样。萧观音百思不得其解，随口问身旁的宫女是否认得这块手帕。宫女看了看手帕，连忙跪下为萧观音道喜。萧观音更是糊涂，忙问为何道喜。宫女解释说："这'三十六'，不正是指您贵为皇后，率领三十六宫吗？"萧观音听后，虽然嘴上责怪宫女胡说，但紧锁的双眉悄然舒展，透露了她心中的欢喜。

贵为皇后的萧观音，仍同往日一样，照顾丈夫的起居和关心太后的健康。仿佛这称谓和地位的变化从来没有发生过。随着年龄的增长，太后的身体大不如前。虽然每天都有御医来为她把脉诊治，却仍不见起色。一次，太后偶感风寒，高烧不下。萧观音担心太后的病情，整日陪在太后身边，为她擦汗喝药。为了让太后身体早日康复，她还亲自到上京最大的寺院求佛祖保佑。这样几天下

来，太后的病终于有了起色，萧观音这才放心地回到自己的寝宫休息。醒来之后便想起了御医所说的话，原来太后之所以如此虚弱，是因为常年操劳所致。知心的她，了解太后的忧虑，此后便时常在太后面前，夸耀大辽的兴盛和道宗的治国能力，让太后不再为国事担心。

为了让太后更好地恢复身体，萧观音便每天陪在她的身边，为她解闷，逗她开心。天气好的时候，她就搀扶着太后到后花园散步，二人一边说笑一边观景赏花。在萧观音的细心照料下，太后的脸色一天比一天红润，人也精神多了。道宗更是为妻子的孝心而感动不已。

身为皇后的萧观音不但关心长辈，更关注天下苍生。每天在道宗上早朝的这段时间，萧观音总会一个人到庙堂，跪在佛祖面前，虔诚地为大辽国的每一位百姓祈福。就算再心系百姓的统治者，也无法抵御天灾的降临。辽国地处北方，天气干燥少雨，所以早在辽太祖阿保机时起，就有了祈雨的瑟瑟礼。目的是祈求上天赐雨，解决干旱问题。可就在道宗刚刚登基的第二个春天，上京附近便遭遇了大旱的天气。一连几个月没有下过一滴雨，土地干涸开裂，地里刚种上的谷物也都因缺水而枯萎了。这种状况使得大多数农民抛弃土地，沦为以流浪乞讨为生的流民。

虽然道宗早已诚恳地向天求雨，但旱情仍在逐步恶化，这让道宗十分着急，虽然想了很多补救的措施，但流民的数量却与日俱增。身为皇后的萧观音与道宗一样，因为此事而辗转难眠，无时无刻不在思考着解决的办法。当她得知有越来越多的饥民因吃不上饭而相继死去的时候，便再也不能安然呆在宫中了。她取来了自己的全部首饰，带着宫女，换上便装，出了宫门。萧观音用自己的首饰换来米后，便立即组织宫女在城门附近熬粥布施。看着饥民们

满足的表情，萧观音笑了，那笑容是那样的满足灿烂。这时，一个衣衫褴褛的老人突然给她跪下，热泪盈眶地说她救了自己奄奄一息的孙女。萧观音连忙将老人搀起，含泪说这是自己的责任。老人像是听明白了什么，又看了看萧观音的脸，战栗着喊："皇后千岁!"便又跪到了地上。众人听到了老人的叫喊后，方明白此次的布施是皇后所为，便都与老人一样，跪下行礼，感激皇后的恩德。萧观音见状，连连说："平身，请大家平身!"更是主动地上前一步将老人扶起，见大家站起来后恳切的表情，萧观音斩钉截铁地说，自己一定会同皇上解决此次旱灾，让大家尽早结束这种食不果腹的生活!萧观音的一席话，让在场的人们又重拾了对生活的信心和热情。为了表示对皇后的感谢，人们称她为观音皇后，从此观音皇后这个美誉便被广泛传开了。

之后的几场大雨，总算使干旱的土

地又恢复了生机，流民们也都兴高采烈地回到了故乡，忙着新一轮的播种。萧观音望着这贵如油的春雨，心中的石头总算是落地了。一切又恢复了平静。时间飞逝，一转眼就到了秋捺钵的日子，道宗及北、南院的大臣们，便开始为这个传统的活动而准备了。捺钵是指皇帝每年离开京都，到自己喜欢的地方过一段行宫生活。《辽史·营卫志》记载："辽国尽有大漠，浸包长城之境，因宜为治。秋冬违寒，春夏避暑，随水草就畋鱼，岁以为常。四时各有行之所在，谓之

'捺钵'。"一般情况下，春捺钵钓鱼，秋捺钵狩猎，夏冬捺钵则商议讨论部族事务。而此次秋捺钵，道宗盛情邀请皇后率嫔妃出行。一则是感谢皇后在大旱时所做的努力，二则也想让她到户外放松一下。经过了一天的车马劳顿之后，道宗一行人来到了永州西北五十里的伏虎林。这里水草旺盛，是麇鹿、山禽经常出没之地。《辽史》中记载，原来这里经常有猛虎出没，很多牧民都曾被其所伤。一次，景宗率领一队骑兵追逐麇鹿来到这里。见一只猛虎伏于草间，景宗拉开弯弓，瞄准虎头，一箭正中猛虎眉心，猛虎便呼啸着倒地身亡。为了纪念景宗的英勇，此地取名伏虎林。

道宗见天色已晚，便吩咐今天暂不狩猎，待明日养足精神后，再行狩猎活动。看着枕边的人儿，睡得如此香甜，道宗笑了，他好久没有看到萧观音熟睡的样子了。她总是为自己的事情奔波忙碌，尤其是遭遇旱情的那段日子，她更是几天几夜都没有合眼，想方设法帮助自己解决问题。她是该好好歇歇了。道宗这样想着。第二日早晨，道宗早早地起来穿好衣服，到营帐外面活动。不一会儿，便见萧观音拿着自己的披风追了出来，为自己披上。体贴的举动，像是清晨中的第一缕阳光，照得道宗十分温暖。他拉着萧观音的手，带她来到了马厩，教她识马、辨马、赏马，还亲自挑选了一匹温顺的纯种马，送给她作为礼物。

早餐过后，夫妻二人骑上马，一同游览伏虎林。这是他们相识后的第一次外出，尽管是借着狩猎的名义，但二人仍十分珍惜此次的出行。山中早晨特有的清新空气，淡蓝色的天空中飘浮着的几朵白云，再加上头顶上温暖的阳光，使萧观音感觉自己仿佛置身于世外桃源。她贪婪地欣赏着这山中的自然风光，不禁陶醉其中。二人一边骑着马，一边欢快地说笑。到了山下，他们跳下马，手牵着手一同向山顶处走去。到了半山腰，心细的道宗见萧观音额头上出现了点点汗迹，便主动要求歇一会儿，还为她打来了山泉水。25岁的道宗，就像每一个年轻人一样心怀浪漫。在打水的途中，还偷偷地为萧观音采了一束鲜花，害羞地送给了她。此刻的萧观音被一种叫做幸福的感觉包围着。她笑得是那样的灿烂。听着山间叮叮咚咚的泉水声，她禁不住清歌一曲。那甜美的歌声，就像是天籁之音，久久在山谷中回荡。夫妻二人，一直到夕阳透过树林照耀大地的时候，才依依不舍地回到了驻地。直到第三日，狩猎活动才宣告进行。等待了一天的猎手，终于盼来了傍晚鹿群来河边饮水。早就埋伏在岸边的道宗，更是不能错过这狩猎的大好时机。他瞄准猎物，果断地射出了第一箭。接着离弦之箭，犹如雨点一般，落向了鹿群。凭借着一流的射箭技术，道宗一如往常，满载而归，不仅有鹿，

还有十几只狍子和山鸡。道宗对这次顺利的捕猎活动十分满意，为此大摆酒席宴请群臣。宴会上，觥筹交错、歌舞竞技，好不热闹。酒过三巡，菜过五味之后，宴会也即将宣告结束。道宗为了纪念此次秋捺钵，便请端坐在身边的皇后即兴赋诗一首，作为今天的结束词。萧观音沉思片刻后，轻声诵：

　　威风万里压南邦，

　　东去能翻鸭绿江。

　　灵怪大千俱破胆，

那教猛虎不投降。

并为其取名为《伏虎林应制》。原本热闹的宴会，就在萧观音语毕后，变得鸦雀无声，一盏茶的时间后，宴会上发出了啧啧惊叹声。在场的人无不为皇后过人的胆识和气度所折服。道宗也被这首七言绝句所打动，对萧观音说："皇后可谓女中才子！"在一片欢庆声中，宴会的气氛达到了顶峰。不久《伏虎林应制》便在民间广为传诵，百姓们都说，当今的皇后是个德才兼备的女子。

三、辅佐君王创中兴

（一）辅助皇帝平叛乱

秋捺钵回来之后，萧观音与道宗二人的感情更加深厚了。清宁四年（1058年），他们终于盼来了人生中的第一个孩子。望着这个鲜活的生命，萧观音高兴地流下了眼泪。一直在门外守候的道宗，在听到婴儿的第一声啼哭时，便激动地跑进内室，看望皇后和孩子。当他知道

所生为男孩时，更是欢喜得不得了。看着怀中健康的皇子，道宗决定叫他耶律濬，"濬"为疏通水流之意。道宗希望他能够顺顺利利地长大。

第二天，为庆祝皇后生子，道宗在皇宫中举办了盛大的宴会。所有皇室成员和朝廷大臣都应邀参加。在众多前来送上诚挚祝福的人中，唯独一人显得有些格格不入。此人便是皇太叔耶律重元的妻子——萧妃。萧妃浓妆艳抹，举止轻佻，丝毫没有皇叔母的威严和庄重。

在如此正式的场合，却穿着暴露。平日里内敛、朴素的萧观音见了她，觉得很不舒服。便将她召到身边，用略带责备的语气告诫她说："为贵家妇，何必如此！"嚣张跋扈惯了的萧妃，先是一愣，脸上露出不甘的表情，但碍于身份，便点头称是，随即甩袖而去。回到家后，将受到皇后训斥的事向丈夫耶律重元叙述了一遍，还说这个皇后没大没小，要是以后皇子登基，自己一家就更没地位了。萧妃的一席话，对于早有反叛之心的耶律重元来说，如同火上浇油。这下更使他下定决心要取代道宗，自立为王。

耶律重元，小字博齐希，圣宗次子。史书记载其："材勇绝人，眉目秀朗，寡言笑，人望而畏之。"因性格像其父圣宗，遂深得圣宗喜爱。圣宗曾一度要废掉太子耶律宗真（兴宗）让重元即位。但碍于嫡长子继承制，只得封耶律重元为秦王。虽然没有从父皇那里继承皇位，但

耶律重元做皇帝的想法却一直没有停止。兴宗重熙三年（1034年），耶律重元与其母亲法天太后密谋篡位，可中途秘密泄露。耶律重元为了保住王位，不惜出卖了母亲，博取兴宗的信任。其后的几年里，耶律重元虽然表面上安分守己，一心为公，但背地里却网罗人才，为推翻兴宗做准备。兴宗本是个十分多疑的人，但见重元处处为国家着想，也就放松了警惕。一次兴宗酒醉后的话，让重元以为他的皇帝梦终于可以实现了。兴宗喝醉后糊里糊涂地答应重元要在自己百年

之后，将皇位传予他。清醒的重元便将此话铭记在心。可当兴宗驾崩，道宗登基后，他才明白自己被兴宗欺骗了。恼羞成怒的他，立誓要推翻道宗，自立为帝。萧妃的事件，便成了叛乱的导火索。

清宁九年（1064年），耶律重元父子趁道宗外出游猎之际，发动了叛乱。他们密谋在途中刺杀道宗，然后再回到京师即位称帝。可就在行刺之前计划败露，重元父子不得不一鼓作气，与道宗刀剑相接。就在前方展开殊死搏斗之时，叛乱的消息传到了宫中。萧观音大吃一惊，立即下令封锁消息，随后便紧急召本朝元老进宫商议对策。经过激烈的讨论，萧观音最终决定，将上京中留守的一部分军队，派去支援道宗，其余留守上京加强戒备，并宣布将耶律重元贬为平民，查封重元府。待命令下达后，各路人马迅速采取了行动。而萧观音则在宫中紧张地等待着前方的消息。探子每

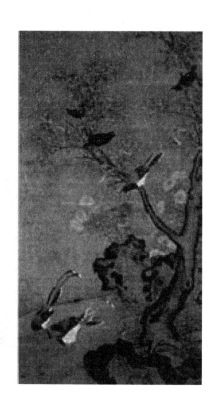

半个时辰便汇报一次战况。萧观音的心也就跟着忽上忽下。直到第二天傍晚，最后一个探子报告说战乱平息，皇上得胜归来。萧观音悬着的一颗心才算落地。道宗凯旋后做的第一件事，便是封赏萧观音。道宗明白，没有皇后在后方坐镇，自己不可能全身心地投入到这场你死我活的战斗中，还有那及时前来支援的军队，也为自己最后的胜利增添了筹码。这一切的一切都是皇后的功劳。因此，他不但大加赏赐，还在朝堂之上，邀请皇后辅政。谦虚的萧观音在谢过皇恩之后，回绝了道宗的提议，她表示自己宁愿做一个唐太宗长孙皇后式的贤后。道宗见皇后心意已定，便也没有多说，但内心却充满着感激之情。

（二）举荐太子勘时弊

日子又恢复到了往常的平静。耶

律濬也在母亲的呵护和细心照料下，渐渐长大了。他兼取了道宗和萧观音的优点，相貌极像道宗，硬朗俊俏；性格恰似母亲，谦虚内敛。最可贵的是，他集合了二人的文采，三四岁时就能写诗作赋，深得道宗的疼爱。道宗曾经夸奖他："此子聪慧，殆天授欤！"道宗清宁九年，耶律濬六岁时，被封为梁王。第二年，7岁的耶律濬便随道宗外出狩猎。虽然只有7岁，但凭借着良好的体能和骑射技术，耶律濬仍收获了九只麋鹿。道宗大喜，对大臣们说"朕祖宗以来，骑射绝人，

威震天下。是儿虽幼，不坠其风。"随后，便将自己最喜欢的弓，作为嘉奖送给了耶律濬。

咸雍元年（1065年），年仅8岁的耶律濬被道宗册封为皇太子。从此，便开始接受了严格、规范的君主教育。每天早晨都有太傅来为小太子讲解《诗经》《论语》，教他怎样做一个贤德之人。中午休息时间过后，另一位太傅就会来到太子的书房，为他讲解历朝历代贤君的事迹，告诉他怎样做才称得上是一代明君。这样枯燥乏味的学习生活，对于一个刚满8岁的孩子来说是很难忍受的。刚开始还能坐在书房中，认真听太傅讲解，但时间一久便坐不住了。一日，他趁书房没人，便偷偷溜了出去，在外面玩了很久才回到寝宫。结果一进屋，便看见母亲严肃地看着自己。耶律濬知道自己犯了大忌，母亲平日里虽然很溺爱自己，但学习的时候却异常严厉。耶律濬

连忙跪下请罪，萧观音没有答应，只是
狠狠地看着他。见母亲没有说话，耶律
濬也不敢抬头，就那样跪着。因为担心
母亲的身体，耶律濬多次保证会自罚跪
到天亮，恳请母亲回寝宫休息。可萧观
音并没有答应，只是那样看着跪在地上
的太子。整整一夜，母子二人就这样在
沉默中度过。第二日早晨，萧观音才允
许太子休息一会儿，准备上课。她自己
则在宫女的搀扶下回到了寝宫。原本就
终日操劳而体力不支的萧观音，哪里经
得住这样的彻夜不眠。回到寝宫后，便
躺在床上起不来了。太子下课后，才得
知母后因昨夜未眠而病倒了。孝顺的他
慌忙地跑到了皇后的寝宫，看望病中的
母亲。听宫女们讲，他才知道母后昨夜
为何硬要陪自己到天亮。原来这是母后
在自罚，她责怪自己没能教育好太子而
自罚静坐到天亮。身为她的儿子，却不
能体会她的用心良苦，耶律濬十分愧疚。

在萧观音昏迷的那几天，耶律濬一直守候在她身旁，焦急地等待着她醒来。好几次他都是在自己的泪水中睡着的。一直到第三天，萧观音才缓缓地睁开了眼睛。看见趴在自己床边的太子，萧观音欣慰地笑了，伸出手摸了摸儿子的头，虽然他还没有长大，但她相信他将来一定会成为一位好皇帝。耶律濬醒来后，看见母后微笑地看着自己，顿时大声哭了起来，一边哭一边对她说，自己日后一定会好好跟太傅学习，不再让母亲失望。萧观音笑着点了点头。这件事以后，耶律濬一下子长大了，再没有因为学习让萧

辅佐君王创中兴

观音操过心。

　　时光荏苒，一转眼便来到太康元年
（1075 年），耶律濬已经 18 岁了。这对于
一个辽国储君来说已经到了摄政之龄了。
这年夏天，道宗便宣旨让太子辅政。虽
然理论上的东西耶律濬已经能够很熟练
地掌握，但在碰到实际情况时，还是略
显稚嫩。为此，萧观音建议道宗，让太
子到民间私访一段时间了解民情，这样
也许会对太子将来处理国事有帮助。道
宗很快就同意了皇后的请求。怕久居深
宫的太子一时间还无法适应民间的状况，

便命令太傅与太子同去。就这样，耶律濬在乔装打扮一番后，跟着老师出宫了。

耶律睿来到宫外，看到形形色色的人，听到嘈杂的叫卖声。不远处有两个马贩子，因为相互说对方的马不是纯种马，而大吵大嚷。耶律濬觉得十分新奇。没想到外面的世界竟然如此多姿多彩。不一会儿便来到了市集，这里更是热闹，不但有玩的有吃的，而且样样是自己见所未见、闻所未闻之物。耶律濬与身旁

的太傅一路走一路看，走了大半天也没有觉得累，只是到中午时，肚子咕噜咕噜叫，才知道要找家酒馆吃口饭。吃饭的时候，耶律潽听到周围的人们纷纷抱怨，说今年的赋税比往年还要高。耶律潽听后，心里想这是怎么一回事，据自己所知父皇明明下旨，今年因夏季大涝而不同程度地减免了赋税。而且自己所处的上京是水灾最严重的地区之一，理应是赋税减免最多的地方，怎么可能反而增加呢？

吃过饭后，耶律濬便请求太傅带自己到上京附近的县去看看。走了约一个时辰，二人来到了距离上京最近的县，虽然两者只有几百里之隔，但这里就像是另一个世界。没有了热闹的人群，也没有了商贩们的叫卖声。每个人都形色匆匆地走着。借着要碗水喝的机会，耶律濬与一位妇人攀谈了起来。原来国家规定每斗不过几钱的赋税，到了这里却变成了每斗十钱。如果不及时缴纳，则会被抓入大牢，酷刑相加。百姓们没有办法，只得向大户人家借钱，而这样做的代价往往是负债累累，最终沦为债主的奴隶。此后的几天，耶律濬同太傅又走访了几户人家，逐渐证实了此地县令擅自增加赋税，结果弄得百姓怨声载道，却又无计可施，只得任其宰割。看着百姓们破烂不堪的家，男丁们尽管整日整夜地在土地上干活，一家人却仍过着食不果腹的生活，耶律濬的心被震撼了。他立即将随身携带的钱分了一部分给乡亲们。
太傅说，此举虽能解决他们的一时之需，
但不是长远之计，应尽早将此县令治罪，
以正官风。师徒二人经过了一番细致、
缜密的调查，发现此县令原是个贪得无
厌的小人。他将从百姓身上搜刮来的钱，
全部用在了满足自己的私欲上。不仅呼
朋引伴大摆宴席，还经常出入妓院之地。
了解了他的全部罪行之后，耶律潊真想
立即将其处斩。怎奈自己与太傅微服出
巡不便暴露身份。只好在随身带着的本
子上记下了此地县令的名字及滥用职权

的证据，回京禀告父皇。

心中的气愤还没有完全散尽的时候，耶律濬又碰见了一件让他十分吃惊的事。这一天，耶律濬与太傅二人在客栈中，商议下一步该去何地时，来了一伙人。他们个个身着汉服，举止奢华，应该是极为富有之人。很快他们便成了客栈里的焦点。大家都在谈论他们究竟是何来历。本无心关注他们的耶律濬，偶然听见了他们的对话，使他开始留意起了这帮人的一举一动。那天夜里，耶律濬起身去厕所，在回来的途中，听到这一伙人在谈话，而且耶律乙辛这个名字，被重复的次数很多。耶律濬想可能他们与乙辛有关，虽然早就听母后说乙辛是个奸臣，却也没想到他勾结汉人。想到这，耶律濬不禁吓出了一身冷汗。如果真是如自己所想，那么乙辛的举动很可能威胁到耶律氏的江山。一切计划都因这次偷听而改变。耶律濬与太傅两个人，决定

继续留在客栈观察他们。在这伙人来的
第三天，他们陆续领着自己的仆人出了客
栈。虽然是刻意离开客栈，但对于留心
他们的人来说，仍可看出有事发生。耶
律潇怕太傅腿脚不便，便孤身一人前去
跟踪，果然在客栈不远处的一个小巷里，
这伙人凑在了一起，而且还多了一个箱子，
他们命仆人抬着箱子，偷偷从一个侧门
进去。耶律潇绕到前面一看，原来是耶
律乙辛府。怕乙辛的家丁认出自己，耶律

濬只好在暗处偷偷等待，直到深夜这伙人才出来，而且喝得酩酊大醉。回到客栈后，太傅正在屋里焦急地等着，见太子回来，才安心地问跟踪有何结果。耶律濬便将今天的所见告诉给了太傅。太傅也十分警觉，建议太子早日回京，将此事禀明皇上。可耶律濬说还要观察一阵，要掌握足够的证据才能引起父皇对乙辛的怀疑。可接下来的几天，这伙人并没有什么太大的举动，每天只是听听曲儿、喝喝酒，不久便带着仆人离开了客栈。没有进一步掌握乙辛勾结汉人的证据，耶律濬十分不甘，但碍于接到了母后催自己回宫的信，便也不敢多做停留，第二日早晨便起身与太傅回到了皇宫。回到宫中后，耶律濬第一件事便是来拜见母亲，萧观音望着自己多天没见的皇儿，不安的情绪得到了舒缓。耶律濬坐在母亲身边，给她讲自己在宫外所见到的诸多不合法理之事，还将自己在

客栈的所见所闻给母亲讲了一遍，虽然
还没有确切的证据，但乙辛确有勾结汉
人之事。萧观音告诉太子，日后一定要
对乙辛多加小心，但现在不要轻举妄动，
以免打草惊蛇。第二日早朝，耶律濬将
自己记载的宫外见闻，呈给了道宗。道
宗看后十分高兴，连连夸奖太子并宣旨
让他参与政事。在皇后与太子的辅佐下，
大辽呈现出一片国泰民安、五业兴旺的
繁荣景象，史家称此为"清宁之治"。

四、奸相相害无处辩

（一）奸相耶律乙辛

耶律乙辛，字呼图克琨，五院部人，父亲耶律特而格。耶律乙辛儿时家贫，经常吃不上饭，穿不起衣。虽然父亲很努力地狩猎、放羊，但日子总是过得紧巴巴的。部落的人都笑话特而格，还给他起了个绰号"穷特而格"。即便是生活如此窘迫，特而格夫妇仍感到很幸福。他

们结婚一年之后，特而格的妻子怀孕了，经过了漫长而幸福的十月怀胎，她生出了一个健健康康的胖小子，特而格为他取名耶律乙辛。传说，耶律乙辛出生之前，他的母亲做了个梦，梦见与羚羊厮打，几次叫喊都没有人过来帮忙，尽管身为游牧族后代的她有很多与羚羊相处的经验，但像这样与羚羊肉搏却还是第一次。虽然有些力不从心，她还是竭尽全力地击打羚羊，最后拔掉了羚羊的犄角和尾巴。耶律乙辛出生后，特而格夫妇欢天喜地地为这个新生儿庆祝。为了解开那个梦的谜团，特而格还特地找来了占卜师询问。占卜师听这个年轻的妈妈讲述完，笑着说，这个梦是吉兆，"羊"去掉犄角和尾巴即为"王"，预示着这个婴孩将来能大富大贵，就像王一样。虽然耶律乙辛没有生在贵族家庭，但其聪颖好学，博闻强记，五六岁时就颇受部落首领的喜爱。长大了以后，更是因相貌出众、知书达理而远近闻名。兴宗重熙年间，耶律乙辛被选为文班使，掌管太保印，因办事机敏，被兴宗召至宫中。仁懿皇后见其眉清目秀，又写得一手好字，便推举他做补笔砚吏。乙辛虽然外表和善但内心狡诈、善弄权术，千方百计地讨好兴宗，因而被一再提拔。至兴宗驾崩时，乙辛已官至护卫太保。道宗即位后，念他为前朝重臣而委以重任。至清宁五年，乙辛官至南院枢密使，被封为赵王。

随着官位的一步步高升，乙辛的政

治野心也随之膨胀。他先密谋除掉了道宗身边的红人，也就是平定耶律重元父子之乱的功臣耶律仁先，接着又将一帮趋炎附势之徒集结在自己的身边为自己效命。其成员主要为张孝杰和萧十三等人。张孝杰，建州永霸人，字号、生卒年均不详。此人虽有才学，但心术不正，对上阿谀奉承，尽巴结之能事；对下百般刁难，尖酸刻薄。太康二年（1076 年）秋猎，道宗因一日射鹿三十只，而大摆筵席。酒过三盏，道宗忽然想起《黍离》，随口诵道："知我者谓我心忧，不知我者谓我何求。"而坐在台下的张孝杰谄媚地应和道："今天下太平，陛下何忧？富有四海，陛下何求？"说得道宗心花怒放，点头称好。萧十三，菱古乃部人。史书中记载："十三辨黠，善揣摩人意。"正是萧十三的这些"长处"，使他在乙辛排挤仁先时大展拳脚，而深受乙辛的器重。为了使自己的人在朝中说话更有分量，乙辛凭借自己的权势，很快便让萧十三官至殿前副点检。有了张孝杰和萧十三的辅助，乙辛更是如虎添翼，大肆在朝中网罗人才作为自己的亲信，不久就形成了以自己为中心的奸党集团。除此而外，乙辛还在全国各地方官僚中安排自己的耳目和爪牙。他那些胡作非为和仗势欺人的恶行，被耶律濬在私访民间时调查得一清二楚。立志要效仿古代明君的皇太子，当然不会放过这个恶人。期盼着在亲政之时，能够将乙辛一伙除之而后快。

但年少的皇太子，不懂得掩饰自己的内心。他的想法很快就被乙辛设在皇宫的内奸所察觉，报告给了乙辛。将权势视为比生命更重要的乙辛，不可能任由太子这样毁灭自己。一番衡量之后，他决定先下手铲除太子，以防后患。为了避免与太子起正面的冲突，乙辛决定先从皇后萧观音入手。太子为皇后所生，只要道宗将皇后打入冷宫，太子自然会受牵连。而且当初要是没有皇后在一旁教唆，自己也不会被太子这样敌视。如意算盘敲定之后，乙辛便开始了一连串的谋害，首先便是《谏猎疏》事件。

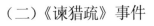

（二）《谏猎疏》事件

萧观音十分钦佩唐太宗徐贤妃的行事为人。史书记载，徐贤妃虽是一介女流，深居皇宫，却心怀国家。贞观二十二年（648年），唐太宗东征高丽，

兴建宫室，耗资巨大，百姓对此怨声载道。徐贤妃得知此事，立即书写了《谏太宗息兵罢役疏》呈交给了唐太宗。奏疏中不但指出穷兵黩武和大兴土木的弊端，劝说唐太宗要秉持勤俭节约的作风，还强调君主要以百姓的安乐为施政的出发点。唐太宗在读过徐贤妃的奏疏后，不仅没有斥责徐贤妃，反而对徐贤妃的进谏加以采纳。萧观音自认为没有徐贤妃的政治远见，却也想辅佐自己的夫君，

好好治理国家。因而，萧观音时常在道宗面前进谏得失。希望道宗能像唐太宗那样，将国家治理得繁荣富强。刚开始的时候，道宗会细心地听取她的意见，并不时对某一问题进行反省。夫妻二人虽然有意见不统一的时候，但最终都会找到折中办法。有时道宗还会赞赏萧观音的分析和决断能力。萧观音见丈夫是如此虚心纳谏，便消除了顾虑。可道宗毕竟不是唐太宗，他没有唐太宗那样的胸襟和气度，时间一久，便厌烦了起来。面对眼前时常指正自己的皇后，他更怀念那个与他花前月下，吟诗作赋的温柔女子。夫妻间的裂痕就这样渐渐产生了。直到萧观音进谏道宗不应终日沉溺于骑射游猎的时候，道宗心中对她的不满终于爆发了。

道宗酷爱狩猎，总是骑着自己的宝马"飞电"，驰骋在草原上射猎。史书记载，道宗所乘之马"飞电"，"瞬息百里，常驰入深林邃谷，扈从求之不得"。皇后担心道宗的安危，遂上《谏猎疏》曰：

妾闻穆王远驾，周德用衰；太康佚豫，夏社几屋。此游畋之往戒，帝王之龟鉴也。顷见驾幸秋山，不闲六御，特以单骑从禽，深入不测，此虽威神所届，万灵自为拥护，倘有绝群之兽，果如东方所言，则沟中之豕，必败简子之驾矣。妾虽愚暗，窃为社稷忧之。惟陛下遵老氏驰骋之戒，用汉文吉行之旨，不以其言为牝鸡之晨而纳之。

道宗看此奏疏，剑眉倒竖。心想皇后太放肆了，是该让她知道皇帝的威严了！此时时任北府宰相的张孝杰和赵王耶律乙辛，看到道宗脸色由红转青，便知道皇帝龙颜大怒，肯定是生皇后的气了，便借机用百姓对皇后的爱戴来刺激道宗。他们把百姓们平日赞美皇后的诗谣，歪曲地解释给道宗听。夸张地将"金饰足，玉饰头，救世观音作皇后"和"平

赋税，劝农桑，慈悲观音放皇粮"两句，说成是皇后暗中拉拢百姓，使自己在百姓心目中的威望远远胜过皇帝。他们还在道宗面前宣扬，百姓是如何将皇后视为女神加以供奉的。身为一国之君的道宗怎能受得了，有人在百姓心目中的威望胜过自己，可一转念，皇后身为一国之母，有些威望也是理所当然，想到这里道宗的怨气便平复了许多。见道宗并没有责备皇后之意，别有居心的乙辛又接着说，如果外戚要利用百姓对皇后的拥戴造反，岂不轻而易举。说完便用眼睛瞟了瞟坐在龙椅上的道宗。乙辛的一席话，正中道宗痛处，身为一国之君，最怕的便是保不住皇位。道宗沉默了，他不知道自己应该怎样面对皇后，面对心中的那份亲情。沉思了片刻后，道宗说自己会考虑两位爱卿的肺腑之言，说完便起身离开了大殿。此时的道宗，不再对皇后抱有任何的期许，反而希望她安

守本分，不要让自己再次陷入对她的怀
疑之中。

（三）皇后身边置眼线

即便是这样，也没有让乙辛彻底释
怀。他仍策划着进一步掌握皇后的弱点，
将她击倒。为了能更好地掌握萧观音的
言行，了解她平日里接触的人群，寻找
污蔑她的突破口，乙辛决定在她身边安

插一个亲信，以便随时掌握皇后的动态。经过了几轮筛选，他最终选定单登进入皇宫，监视皇后的一举一动。单登原为耶律重元家的歌女，善于吹笙和弹奏琵琶。自从耶律重元兵败，家破人亡后，单登也失去了往日的光彩。一个人整日在酒楼里，为客人演奏歌唱。此举虽是维持生计之道，却也是她的兴趣所在。生活就这样平淡无奇地过着，直到有一天，一个官吏的到来彻底改变了她的命运，让这样一个弱小女子卷入到了政治漩涡之中。这个人正是耶律乙辛的奸党——张孝杰。这一天，酒楼里仍像往常一样，客人虽然不多，却都凑在她身边，欣赏她的弹奏和演唱。直到一个人的出现，打乱了原有的平静。虽然张孝杰只去过耶律重元府几次，单登却还是能认出他。这个满脸严肃的人正是当朝的北府宰相。上午的弹奏结束后，单登被叫到酒楼二层的一间客房，坐在那

里等待她的人正是张孝杰。没有了浓妆艳抹的单登，此时反而多了分清纯可爱。张孝杰看着眼前这个虽称不上绝代佳人，却也是仪态万千的女子走了神。单登的一句"大人"，将张孝杰硬生生地拉回了现实。单登以为张宰相只是来听曲儿的，便也没说什么，抱着琵琶坐了下来，开始弹奏。一曲曲优美的旋律过后，张孝杰开始了说服单登的工作。单纯的单登怎能经得起张孝杰三寸不烂之舌的劝说，不到半天的时间，便被他的花言巧语所打动了。两天后便随官差进入了皇宫。

在履行完应有的程序后，单登被安排在了宫中艺人的住处。第二天，经过一番繁琐的仪式后，单登正式成了皇后的侍女。此时的皇后，虽然依旧美艳绝伦，但眉宇之间多了份淡淡的忧伤。由于上次的《谏猎疏》事件，道宗疏远了皇后。即便是她主动求见，道宗也多以国事繁多而推脱。萧观音知道道宗还在生自己

的气，也就不敢多做烦扰。没有了往日
的恩爱缠绵，萧观音也只好独自打发无
聊的时光。擅长诗文韵律的她，不时吟
吟诗、弹弹琵琶，却也难解心中的苦闷。
起初，单登的到来并没有引起萧观音的
重视，但精湛的弹奏技巧很快使她脱
颖而出，再加上她相貌乖巧可爱，更是
博得了萧观音的喜欢。萧观音时不时会
作些诗，让单登谱曲弹奏。而单登却也
总是能恰到好处地把萧观音的诗弹奏出
来，因而颇受萧观音的赏识。于是萧观

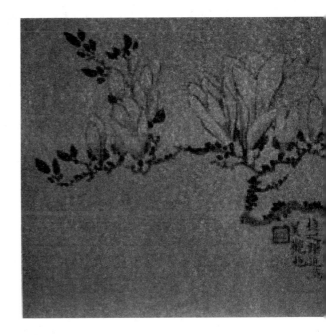

音便时时把她带在身边，听她弹奏歌唱，有时还会因单登的精彩表现，而大为嘉赏。渐渐地单登成了萧观音身边的红人。单登也因与皇后的频繁接触，而越来越仰慕这个温婉贤淑却又智慧刚强的皇后，监视皇后的命令也渐渐违背了。直到赵惟一的出现，使这亲密的主仆关系发生了变质。

赵惟一，生卒年不详，只知为辽道宗时期伶官。伶官为古代宫廷演戏、唱歌、作乐者，大多为身份卑微而富有音乐技艺的人。赵惟一正是这众多伶官中的一位，因擅长弹奏琵琶而出名。萧观音原本并不知晓赵惟一，偶然间听到侍女们对他琴音的赞美，才知道原来宫中有如此弹奏高人，便命单登去请。当看到随着赵惟一指尖舞动的琴弦，听到他怀中那古香古色的琵琶所发出的动听琴音时，所有人都被他征服了，就连平日里被皇帝和大臣们吹捧为"琴艺一绝"的萧观音

也甘拜下风。弹奏结束后，萧观音不仅
对赵惟一的琴艺赞赏有佳，还大加赏赐。
站在一边的单登，看到皇后扬起的嘴角，
也随之快乐起来。但这短暂的快乐时光，
很快就被单登的占有欲和好胜心驱散了。
萧观音十分欣赏赵惟一的琴艺，便时常
召他进宫来弹奏，而且许多原本要与单
登商讨的曲谱也多由赵惟一代替完成了。
单登不甘心自己在皇后心目中的位置被赵
惟一所替代，也不甘心就这样被皇后冷

落。她将心中的怨气，撒到了赵惟一的身上。单登不但时常刁难他，还多次在皇后面前说他的坏话。明事理的萧观音知道，单登是在耍小孩子脾气，心想如果单登知道自己与赵惟一的差距后，便会对赵惟一改观或是虚心求教，想到这便亲自安排了他们二人的比赛。结果显而易见，单登远远比不上赵惟一在音乐方面的造诣。可单登并没有像萧观音所预想的那样输得心服口服，反而认为这是赵惟一在报复，故意在皇后面前羞辱自己。就在单登为如何打败赵惟一而烦恼时，关于她出身叛臣之府的传言传到萧观音的耳朵里。萧观音便开始有意疏远单登。一日，道宗闲得无聊，听说皇后身边有个侍女不但相貌可爱而且弹得一手好琵琶，便打算召单登上前来演奏。萧观音听后，气愤地向前来的宫女说："此叛家婢，女中独无豫让乎？安得亲近御前！"当单登得知皇后如此看待自己时，所有的委屈都换做泪水，哭湿了衣衫。

没过多久，萧观音便将单登调去了直外别院。原本对皇后既仰慕又尊敬的单登，此时心里却满是抱怨。一直在幕后观察的耶律乙辛，见到时机成熟，立即派被他收买了的朱顶鹤前去劝说。原本的不满，加上朱顶鹤的教唆，使单登很快投向了耶律乙辛。乙辛派人告诉她，要在暗处细心观察，看看皇后有无对皇上不敬的行为，一旦有些蛛丝马迹立刻报告给他。现在的她，成了乙辛安插在皇后身边真正的眼线。

（四）《回心院》盼回心

一日，风和日丽，萧观音百般无聊，便独自坐在窗前，看着窗外的风景。这时窗前飞来了一对鸟儿，它们并排停留在树枝上，情意绵绵地对着啼叫。在萧观音孤独的眼里，这一对小鸟，仿佛就是昔日里的道宗和她，他们原本是那么的恩爱。往日欢乐的时光一下子都浮现在了她的眼前，可今时今日，她唯有顾影自怜。心中的感慨和伤感谁又能知道呢？无奈，她只有提起笔，写下心中对道宗的思恋和期盼。

扫深殿，闭久金铺暗。

游丝络网尘作堆，积岁青苔厚阶面。

扫深殿，待君宴。

拂象床，凭梦借高唐。

敲坏半边知妾卧，恰当天处少

辉光。

拂象床，待君王。

换香枕，一半无云锦。

为是秋来展转多，更有双双泪痕渗。

换香枕，待君寝。

铺翠被，羞杀鸳鸯对。

犹忆当时叫合欢，而今独覆相思块。

铺翠被，待君睡。

装绣帐，金钩未敢上。

解却四角夜光珠，不教照见愁模样。

装绣帐，待君贶。

叠锦茵，重重空自陈。

只愿身当白玉体，不愿伊当薄命人。

叠锦茵，待君临。

展瑶席，花笑三韩碧。

笑妾新铺玉一床，从来妇欢不

终夕。

展瑶席，待君息。

剔银灯，须知一样明。

偏是君来生彩晕，对妾故作青荧荧。

剔银灯，待君行。

爇薰炉，能将孤闷苏。

若道妾身多秽贱，自沾御体香彻肤。

爇薰炉，待君娱。

张鸣筝，恰恰语娇莺。

一从弹作房中曲，常和窗前风雨声。

张鸣筝，待君听。

并引用典故，取名《回心院》。"回心院"为唐高宗李治妻子王皇后的一段故事。相传王皇后长得漂亮聪慧，李治十分喜爱，可惜数年无子。在"不孝有三，无后为大"的古代社会，无子可谓是妻子的致命伤。二人的感情，在对

皇子的期盼中逐渐淡薄。最终王皇后成
了后宫嫔妃争斗的牺牲品，被唐高宗贬
为庶人，囚禁于宫中。一次唐高宗无意
间走到了幽禁王皇后的地方，看见房门
紧锁，仅在窗户上留了一个洞送进食物。
唐高宗见此场景不禁心生感叹，便高声
询问皇后可好。王皇后在听到唐高宗声
音后，便止不住痛哭流涕，说自己日思夜
想，期盼皇上能够回心转移，还特将此
宅取名为回心院。唐高宗听罢，颇为感
动，答应王皇后会将她放出来。萧观音
为自己的诗作取此名，也正是希望道宗
能像高宗那样浪子回头。可历史上的王
皇后终究逃不过宿命，被武则天加害致
死。这似乎预示着，可怜的萧皇后也逃
脱不了被奸人所害的命运。

　　望着自己的诗作，萧观音泪眼婆娑。
一阵伤心之后，她决定将这篇词谱成曲，
弹奏给道宗，期望他能够听到自己的心
声，唤回他的宠幸。经过了二十多天的

精心谱写，一首悠扬哀婉的琵琶曲终于在萧观音的笔下悄然问世了。为了使这首琵琶曲更加完美，萧观音特地命人找来了伶官赵惟一，对曲子做进一步的推敲和修改。凭借着对音乐的敏感和多愁善感的性情，赵惟一将《回心院》弹奏得悲凉恳切，这正贴合了萧观音的心意。看着赵惟一动情的弹奏，萧观音越发觉得这首曲子只能由赵惟一弹奏。有了赵

惟一的弹奏，加上自己的深情演唱，就一定能达到事半功倍的效果，萧观音这样盘算着。可善良的萧观音万万没有想到，就在自己为挽回与道宗的感情而努力忙碌的时候，一场骇人听闻的冤案正在酝酿。

（五）耶律乙辛之诬

被嫉妒和仇恨蒙蔽了双眼的单登，听从了耶律乙辛的安排，时常在暗处观察萧观音的一举一动，有时还将所见所闻通过朱顶鹤汇报给乙辛。正愁消灭萧观音母子却无从下手的他，在得知萧观音经常派人召伶官赵惟一进宫，二人终日在一起弹琴、唱歌的消息后，奸诈的脸上便露出了邪恶的笑容。

首先，耶律乙辛命文笔稍好的张孝杰作诗，取名《十香词》，由朱顶鹤交给单登，并命令单登设法让皇后抄写此诗，

以便让道宗以为此诗系皇后所做。单登接过《十香词》，张孝杰的笔迹跃然之上，为了怕皇后起疑心，单登工工整整地又抄了一遍，才揣到怀里。忐忑不安的单登紧裹着衣衫，从宫中后门偷偷溜进了住所，等待着时机的成熟。恰巧这一日，天空下着淅沥沥的小雨，窗外雨滴敲打树叶的啪啪声，打断了萧观音的清梦。萧观音赤着脚从床上走到了窗前，欣赏这暮夏的雨。可不一会儿，雨就停了，远处的天边还形成了七彩的虹。看着被雨水洗刷后的绿叶，闻着花园里泥土的芬芳，还有照在自己身上温暖的阳光，这一切似乎都在向自己诉说着未来的美好。道宗，还有懂事的儿子，一家人坐在一起吃饭、聊天、作诗，那又是一幅多么美妙的画卷啊！想到这，萧观音那久不见笑容的脸上，浮现出了释怀的微笑，就像是一朵盛开的牡丹，高贵而优雅。站在一旁服侍的单登，看到了皇后表情上

的变化，觉得时机成熟，便拿出了怀里
的《十香词》，借着为皇后倒水的机会，
将《十香词》呈给了萧观音。并煞有介事
地说，此词为自己无意中从一本书上抄的，
原为宋朝一位不得宠的皇后所作，那位
皇后的境遇十分凄惨，不但被皇帝打入
了冷宫，终日不得出门，还撤走了身边的
丫鬟，就连自己的亲生儿子也不得见面。
于是，在百般寂寞之下写了这首词。听
罢单登的介绍，萧观音不觉地心生同情，

接过《十香词》仔细观看：

青丝七尺长，挽作内家装；

不知眠枕上，倍觉绿云香。

红绡一幅强，轻阑白玉光；

试开胸探取，尤比颤酥香。

芙蓉失新艳，莲花落故妆；

两般总堪比，可似粉腮香。

蜻蜓那足并？长须学凤凰；

昨宵双臂上，应惹领边香。

和羹好滋味，送语出宫商；

安知郎口内，含有暖甘香。

非关兼酒气，不是口脂香；

却疑花解语，风送过来香。

既摘上林蕊，还亲御院桑；

归来便携手，纤纤春笋香。

凤靴抛合缝，罗袜卸轻霜；

谁将暖白玉，雕出软钩香。

解带色已战，触手心愈忙；

那识罗裙内，销魂别有香。

咳唾千花酿，肌肤百和装；

无非瞰沉水，生得满身香。

　　萧观音看罢，对单登说，这首词虽然有些大胆，但也不失为一首反映作者相思之情的佳作。单登立即顺水推舟，讨好地说，如果能将皇后的《回心院》与此诗前后连在一起，真可谓是相得益彰，定能成为流芳百世之作。希望皇后能手抄一份赐给自己，那将是无比的荣幸。萧观音见单登如此恳切，又念及以往对自己的照顾，便提笔抄写了起来。抄完后，又觉得兴致未尽，就随手在后面提了四句诗，以表对这位皇后的同情，

取名《怀古》。

> 宫中只数赵家妆，
>
> 败雨残云误汉王。
>
> 惟有知情一片月，
>
> 曾窥飞燕入昭阳。

单登接过宣纸，看着皇后的笔迹和题诗，即便内心窃窃欢喜，却也不忘叩头谢恩，装出十分感激的样子。被即将到来的幸福冲昏了头的萧观音，此刻没有看出单登表情的变化，更不知道这篇《十香词》的背后是耶律乙辛的政治野心和诡计。不久，留有萧观音墨香的宣纸，便转到了乙辛的手里。看着萧观音的墨迹，他不禁放声大笑，没想到聪明一世的萧皇后也会在这小河沟里翻船。接下来，便是如何利用手中的证据，在道宗面前告发她了。当天夜里，乙辛紧急召来张孝杰和萧十三商讨对策，心怀叵测的三个人，终于拟定出了离间道宗夫妻的计划。他们打算在十月道宗游猎回来后，将皇后与赵惟一的"奸情""揭发"出来。

太康元年（1075 年）十月，道宗游猎回京。一路上，清风抚体、鸟语花香，道宗的脸上也洋溢出了孩童般的轻松快乐。回想自己离京的这段日子，没有一天不是在牵挂和自责中度过的。因为上次的《谏猎疏》事件，自己伤害了皇后。离开了上京才知道，皇后是多么难得的妻子。她不但对自己百般照顾，将后宫打理得井井有条，还不厌其烦地劝告自己应该做一位敬民爱民的好皇帝。每每想到这，

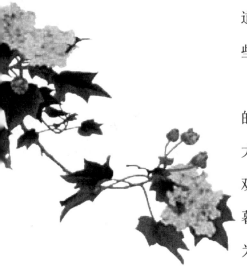

道宗的心就一阵刺痛，他希望自己能快些回到皇后的身边，告诉他自己的愧疚。

终于回到了京城，回到了魂牵梦绕的皇宫。看到出来相迎的妻子、儿女和大臣，道宗满心温暖。他下马，走到萧观音的身边，仔细打量这个让自己朝思暮想的人，精心的打扮和华丽的服饰更为这位美人增添了一份妖媚，看到萧观音双眼含泪望着自己时，道宗的心都碎了，一直处事果断的他此时却没了主意，不知道该用何言语来抚慰皇后那颗受伤的心。最后，二人相互搀扶着回到了寝宫。回到寝宫后，萧观音亲自摆设酒宴为道宗接风洗尘。夫妻二人，坐在酒桌旁边，相互诉说着对彼此的思念，没有虚伪、没有谎言、没有隐瞒也没有猜忌，有的只是真挚和诚恳。在道宗温柔的眼神中，萧观音看出了丈夫的歉意。正当道宗要开口说出自己的懊悔时，萧观音便打岔似地命身边的侍女去请赵惟一。道宗一

脸茫然地问，赵惟一是何人？萧观音笑
而不答。看到一个伶官抱着琵琶端坐在
他面前的时候，他才知道皇后要为他歌
唱。一曲凄凉哀婉的《回心院》唱出了
皇后的心声，也唱出了他们昔日的美好。
看着皇后动情地吟唱，道宗更加的后悔。
曲终时，道宗潸然泪下，不知皇后对自己
的情意竟是如此深厚。诗中描写的生活
场景，似乎是那么的平淡无奇，却又满
载着皇后的一份深情。自己当初是多么

无知，听信耶律乙辛的话，而对皇后的忠心有所怀疑。日后一定重重惩办乙辛，道宗这样想着也这样说着。萧观音听罢，连忙跪到了地上，为乙辛求情，劝告皇帝不要忘了乙辛在重元府叛乱中所作的贡献。道宗听后不禁为皇后的宽厚和大度所折服，心想如果不是身为女儿身，她一定会成为造福大辽的良臣。这一夜，夫妻二人在对往日的追忆和未来的期许中入眠。皇宫里静悄悄的，是那么寂静和神秘，而平地卷起的风，似乎预示着一场大灾难的降临。

第二日早朝，道宗兴致勃勃地听大臣们汇报工作，并对大臣提出的一些问题积极应对。就好像在一日之间又燃起了对朝政的热情和振兴大辽的意念，前些年的不屑和倦怠被彻底抛弃了。早朝结束后，几位年迈的大臣聚集在一起，对道宗今天的表现连连称好。道宗心里也十分舒畅。他在书房批阅完奏折后，便迫不及待地想要回到后宫，告诉皇后他今日的成绩。就在道宗要离开书房时，侍卫前来报告乙辛求见。本打算要好好

教训他一番，没想到自己先送上门来了。可又一想昨日皇后的劝告，便强忍着将怒火压了下去，耐着性子重新回到了座椅上。只见乙辛，一脸严肃地来到了道宗面前，递上了一份奏折。只见奏疏上鲜明的写着几个大字《奏懿德皇后私伶官疏》，还没有看到内容，光是这九个大字，就令道宗大吃一惊。皇后怎可能干出如此苟且之事？道宗瞪着眼睛告诫乙辛，如果此事为假，将会治乙辛以满门抄斩之罪。耶律乙辛不敢怠慢，立即禀告道宗，此事不但有《十香词》和《怀古》诗可以说明，更有单登和朱顶鹤可以作证。这二人一位是皇后身边的侍女，一位是赵惟一的好友，他们是最了解整个事情经过的人。乙辛的一番话，犹如当头棒喝，打得道宗回不过神来。许久，道宗才缓过神，仔细地看起奏折来。

太康元年十月二十三日，据外直别院宫婢单登，及教坊朱顶鹤陈首。本坊伶官赵惟一向邀结本坊入内承直高长命，以弹筝琵琶，得召入内。沐上恩宠，乃辄干冒禁典，谋侍懿德皇后御前。忽于咸雍六年九月，驾幸木叶山，惟一公称有懿德皇后旨，召入弹筝。于时皇后以御制《回心院》曲十首，付惟一入调。

自辰至酉，调成，皇后向帘下目之，遂隔帘与惟一对弹。及昏，命烛，传命惟一去官服，著绿巾，金抹额，窄袖紫罗衫，珠带乌靴。皇后亦著紫金百凤衫，杏黄金缕裙。上戴百宝花髻，下穿红凤花靴，召惟一更放内帐，

对弹琵琶。

命酒对饮，或饮或弹，至院鼓三下，敕内侍出帐。登时当值帐，不复闻帐内弹饮，但闻笑声。登亦心动，密从帐外听之。闻后言曰："可封有用郎君"。惟一低声言曰："奴具虽健，小蛇耳，自不敌可汗真龙。"后曰："小猛蛇，却赛真懒龙。"此后但闻惺惺若小儿梦中啼而已……

院鼓四下，后唤登揭帐。曰："惟一醉不起，可为我叫醒。"登叫惟一百通，始为醒状，乃起，拜辞。后赐金帛一箧，谢恩而出。其后驾还，虽时召见，不敢入帐。

后深怀思,因作《十香词》赐惟一。

惟一持出夸示同官朱顶鹤。朱顶鹤遂手夺其辞,使妇清子问登。登惧事发连坐,乘暇泣谏,后怒,痛答,遂斥外直,但朱顶鹤与登共悉此事。使忍含不言,一期败露,安免株坐,故敢首陈,乞为转奏,以正刑诛。

臣惟皇帝以至德统天,化及无外,寡妻匹妇,莫不刑于。今宫帐深密,忽有异言,其有关治化,良非渺小,故不忍隐讳。辄据词并手书《十香词》一纸,密奏以闻。

皇后怎能是如此轻浮之人! 道宗还是不愿相信乙辛的话,但此时道宗已完全没了开始时的自信。奸诈的耶律乙辛,看出了道宗表情上的变化,便又将《十香词》和《怀古》诗从怀中取出呈给了道宗。道宗定睛一看，这纸上秀气的字迹确为皇后所写不假，可平日里高高在上的皇后怎能写出如此不堪入目之诗？再看《怀古》诗，是皇后借批判汉成帝皇后赵飞燕争宠乱政，来劝告今朝后妃要以德正己之作。"这首诗怎能被看做是皇后与赵惟一有奸情的证据呢？"道宗怒斥道。乙辛装作万分惶恐地说："这首诗共四句，第一句中的'赵'和第三句中的'惟一'，不正好是赵惟一的名字吗？"道宗听到乙辛的辩驳，就好像晴天霹雳，怒火上升。立刻传旨，召皇后入见。

萧观音还没有弄清是怎么回事，就被侍卫们带到了道宗面前。见道宗龙颜

震怒，忙问是为何。道宗看着眼前这个仪态端庄的皇后，咬牙切齿地问她知不知道自己犯了什么罪？这个问题问得萧观音有些不知所云。道宗见萧观音无心承认，气急败坏的他，重重地扔下了乙辛的奏折。萧观音拾起奏折，定睛观看，没等看完，便觉得五雷轰顶，忙喊冤枉。

这时单登与朱顶鹤也被传入宫中，来到了萧观音面前。面对单登和朱顶鹤的指证，萧观音百口莫辩，瘫到了地上。豆大的泪珠，顺着萧观音粉嫩的脸上不

断滑落。萧观音跪着对道宗哭诉："妾托体国家，已造妇人之极，况诞育储贰，近且生孙，儿女满前，岂忍更作淫奔失行之人乎？"道宗拿起手中的《十香词》与皇后对峙："此非汝作手书，更复何词？"萧观音说："此宋国忒里蹇所作，妾即从单登得而书赐之耳。且国家无亲蚕事，妾作那得有亲桑语？"道宗对皇后失望透了，怒吼着"诗正不妨以无为有，如词中'合缝靴'，亦非汝所著，为宋国服耶?"这一问,萧观音无言以对,只是哭着重复说自己是清白的,劝皇上不该听信耶律乙辛等人的一面之词。道宗见皇后理屈词穷,便认定皇后确有奸情。丧失了理智的他像一头被惹恼了的狮子,咆哮着,抡起身边侍卫的铁骨朵(一种兵器,一端形似蒜头的铁棒),狠狠向萧观音砸来,愤怒使他听不见皇后的哭喊声和哀求声,直到弱不禁风的萧观音昏死过去才止住了手。看着满身是血的皇后和被染红了的铁骨朵,道宗吩咐将萧观音押到别院囚禁,并命令耶律乙辛和张孝杰负责审理此案。

五、母子双亡终成冤

一切都按照自己的计划进行着，看着道宗暴怒的表情，耶律乙辛暗自庆幸。这个糊涂的皇帝不仅没有看出破绽，反而将此案交给自己负责，这样就等于将皇后的性命交给了阎王，注定要含冤而终的。再看看这瘦弱的赵惟一，只要略加刑罚，不怕他不承认。果然，事情如乙辛所想的那样进行着，赵惟一终究禁不住铁钉钉手、烙铁烫胸、割断手筋等酷刑的折磨，屈打成招，在认罪书上按

下了手印。拿着赵惟一的认罪书，乙辛、张孝杰二人喝酒庆祝，打算写完奏折后立即禀告给道宗。第二天早朝，耶律乙辛装作十分哀痛地来到大殿上，打算早朝结束后据实上奏。对此事有所耳闻的枢密使萧惟信跑过来，劝告乙辛、张孝杰："懿德贤明端重，化行宫帐，且诞育储君，为国大本，此天下母也，而可以叛家仇婢一语动摇之乎？公等身为大臣，方当照烛奸宄，洗雪冤诬，烹灭此辈，以报国家，以正国体，奈何欣然以为得其情也？公等更为思之。"怎奈处死萧观音是乙辛最想看到的结果，张孝杰又是乙辛的同党，这一切都是早有预谋的，他们又怎能听萧惟信的劝告，早朝一结束便忙着将审讯的结果汇报给了道宗。昏庸的道宗当即批示赐死萧观音，族诛赵惟一。

萧观音清醒时已经是傍晚了。落日的余晖，透过窗口照进屋子，借着一点光亮，萧观音知道自己正处在别院，回想起这一天的经过，她泣不成声。二十多年的夫妻，无数的危机、险阻都相互支撑着走过来了，无数的困难、磨难也都彼此鼓励着征服了，他们用时间和汗水建立起来的信任，就这样被人轻易摧毁了。曾经的相濡以沫、曾经的夫唱妇随，似乎都在嘲笑这个落魄的妻子。原本为唤回夫君之爱，而努力创作、练习的《回心院》此时却成了自己与赵惟一"通奸"的证据。想到这，萧观音不禁苦笑，身为国母的她，处处小心谨慎，时时注意仪表，怎能屈尊与伶官扯上关系。自己都不相信的事情，皇上怎能凭借乙辛等人的一纸诉状，就断然判定自己的不忠。

皇上啊，请听听为妻的心声，请听听为妻的辩驳，请听听事情的真相……不断滴落的泪水浸透了衣衫，粘在伤口上，更是一阵钻心的疼痛。看着自己满身的伤痕，萧观音明白了现实的残酷，无论她说什么做什么也都已经无力回天了。那天边徐徐消退的夕阳，仿佛也提醒自己命不久矣。强忍着伤痛，萧观音吃力地坐了起来，透过窗口，看着外面被夕阳染红了的花园。虽然监视自己的卫队打乱了傍晚的宁静，但仍可以从中感到十月傍晚的惬意。在好久好久以前，道宗和自己也在这样的傍晚吟诗、作画，那时的一切是那么的美妙；在冬季，一起观

雪；仲夏，在花丛中追逐嬉戏……带着
过去与道宗生活的美好片段，萧观音度
过了人生中的最后一夜。

第二日早晨，皇宫中便不断传出要
将皇后处决的消息。耶律濬早知乙辛对
母后图谋不轨，却没想到来得这么快。
他当即率领三位姐妹来到道宗面前，揭
露乙辛的阴谋，为母后辩白。可还在气
头上的道宗，听不进皇太子的分析和推
断，只是一味地想要治皇后的罪，"朕
亲临天下，臣妾亿兆，而不能防闲一妇，
更何施面目，觍然南面乎？"说罢，便
甩袖而去，并下令不见任何人。

当处决的消息传到别院的时候，萧
观音泰然自若，因为她知道这一切都是
乙辛等人对自己的陷害，皇上只是被他
们骗了。见内官手中的白练，萧观音理
了理凌乱的头发，抻了抻褶皱的衣服，
对内官说希望自己临死前能再见道宗一
面，哪怕是说一句话，甚至几个字也好，

这样也就死而无憾了。内官通报后回来说，皇上不许。没想到道宗并没有念及夫妻二人多年的情分。萧观音无奈，只好朝道宗所在的方向，拜了三拜。作《绝命词》曰：

嗟薄祜兮多幸，羌作俪兮皇家。

承昊穹兮下覆，近日月兮分华。

托后钩兮凝位，忽前星兮启耀。

虽眇累兮黄床，庶无罪兮宗庙。

欲贯鱼兮上进，乘阳德兮天飞。

岂祸生兮无朕，蒙秽恶兮宫闱。

将剖心兮自陈，冀回照兮白日。

宁庶女兮多惭，遏飞霜兮下击。

顾子女兮哀顿，对左右兮摧伤。

共西曜兮将坠，忽吾去兮椒房。

呼天地兮惨悴，恨今古兮安极。

知吾生兮必死，又焉爱兮旦夕。

语毕便关上寝宫的门，用一条白练结束了自己年轻的生命。时为太康元年（1075年），萧观音年仅36岁。即使是赐死皇后也没有平息道宗心中的怒火，不久他便命人将萧观音的尸体送回了家。莫大的耻辱使萧观音的母亲耶律氏难以在人前抬头，在悄悄安葬女儿后，便独自离开了上京。另一方面，皇太子在得知母后故去的消息后，捶地痛哭，立誓曰："杀吾母者耶律乙辛也。他日不灭诛此贼，不为人子！"

皇后的死，更促使太子下定要铲除乙辛的决心。乙辛见太子报仇心切，便不安了起来。为了使自己的地位权势永固，乙辛又开始了新一轮的谋划。这一次，他又将眼光瞄准了后位。一日出游，乙辛见道宗心情颇好，乘机试探着问道

宗："帝与后如天地并位，中宫岂可旷？"恰巧道宗此时也正苦恼着没有合适的人选来填补后位。乙辛见道宗面露难色，就乘势将同党萧霞抹的妹妹萧坦思赞美了一番，说此人不但相貌出众，而且琴棋书画样样精通，绝不输于萧观音，是皇后的绝佳人选。道宗听信了乙辛的话，将萧坦思召至宫中，第二年便册封为皇后。乙辛凭借举荐皇后一事颇为道宗所赞赏，再加上萧坦思的枕边吹捧，使得道宗对乙辛更加信赖了。

见耶律乙辛一伙在道宗面前越来越受宠，耶律濬更加恼怒，冲动之下，命自己的贴身护卫萧忽古，前去刺杀他。但一场突然而至的大雨使计划失败，不但萧忽古被活擒，还暴露了太子誓必除掉乙辛的决心。当日早朝，本想就此事大做文章的乙辛，却在萧岩寿的一纸密奏"乙辛自皇太子预政，内怀疑惧，又与宰相张孝杰相附会。恐有异图，不可使居要地"下被调往中京。不甘心就此远离权力中心的乙辛，秘密派人为其在道宗面前开脱。道宗又一次听信了这一伙人的言词，不久便将乙辛召回，恢复其官职。

上次的偷袭事件，使乙辛对太子更加防范。为了早日解除心中的隐患，一场由耶律乙辛主导的栽赃陷害案又拉开了序幕。

他们安排护卫太保耶律查剌，向道宗诬告北院枢密使耶律撒剌等八人谋立皇太子。道宗一直对太子喜爱有加，相信他不可能做此不忠不孝之事情，对乙

辛的话也就没有放在心上。乙辛见道宗丝毫没有要调查太子之意，便不惜代价让牌印郎君萧讹都斡在道宗面前负荆请罪，说自己曾参与了耶律撒剌等谋立皇太子篡位之事，因怕事情败露株连族人，才特此请罪，希望皇上念在自己坦白实情，免除自己的牢狱之灾。说着还将一本厚厚的人名簿交到了道宗的手上。道宗打开名册，见上面密密麻麻不下百人，上至中央下至地方。如果真的东窗事发，恐怕自己也无法控制，道宗越看越气，最后将名册"啪"的一声摔在了书桌上。没有想到，这个不孝子，竟说自己是昏君！还企图联合中央和地方的官员来推翻自己！枉费多年对他的精心栽培，枉费一直以来对他的信任！道宗立即下旨，命令耶律乙辛、张孝杰、耶律燕哥等人对此事严加查办。

耶律乙辛见奸计得逞，便组织人员，对皇太子严加审讯。耶律濬不但没有屈打成招，还在狱中大骂乙辛。可年少气盛的他，终究没有逃脱乙辛这个老奸臣的掌心。耶律燕哥的出现使他彻底陷入了乙辛的圈套之中。耶律燕哥，字善宁，皇族，其四世祖铎稳，为太祖阿保机同父异母的弟弟。《辽史》记载，"燕哥狡佞而敏"。他不但颇受乙辛器重，还与太子保持兄弟般的情谊。当耶律濬见到燕哥时，便将燕哥视为救命稻草，极为恳切地说："帝唯我一子，今为储嗣，复何求，敢为此事！公与我为昆弟行，当念无辜，达意于帝。"一直在狱外等候的萧十三，见燕哥出来，急忙上前询问审讯结果。耶律燕哥便将狱中太子所说的话和盘托出。萧十三当然不会让太子见皇上，就

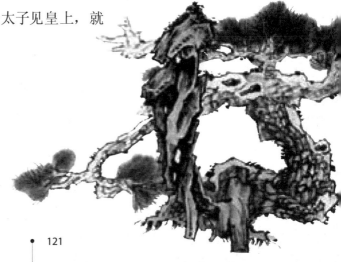

想了想，说："宜以太子言易为伏状。"第二日早朝，耶律燕哥便遵照萧十三的意思，将虚假的认罪书，呈给了道宗。为了迎合这则认罪书，也为了使整个事件看起来更为真实，耶律乙辛便自编自导了一出逼供的戏，使道宗相信。他将几个名册中人，托到道宗面前，称这几个血肉模糊之人，便是鼓动太子叛乱的奸党。众人不堪酷刑，均要求一死了之。乙辛见时机成熟，便上奏曰："别无异辞。"道宗见太子果然有谋反之事，便立即下旨将太子押送上京囚禁。谁知太子这一去便没有了回来之日。太子出发后不久，乙辛便命令其党羽萧达鲁古、撒把在途中杀掉太子。这样年仅20岁，能文能武、聪慧过人的太子，死在了乙辛这个大奸臣的手中。道宗听到太子在去上京途中病死的消息后，觉得事有蹊跷，便要传召太子妃，可还没等见面，太子妃便丧乙辛一伙人手中。萧观音和耶律濬这

对母子的冤案，成为了辽朝第一大冤案。直到太康五年（1079 年），乙辛谋划杀害皇太孙耶律延禧时，道宗才识破他的真面目，下旨削其藩位，降其官位。太康七年（1081 年），道宗追查出皇后、太子一案实则乙辛一手策划。他们本无奸情及篡位之事，却因自己轻信乙辛之词，而错杀了两个自己最为亲近之人。盛怒之下，派人将乙辛处死。道宗对皇后及太子的冤案，悔恨不已，下令追谥昭怀太子，并以天子之礼改葬玉峰山。随后命张琳为萧观音造哀册曰：

> ……时不来兮杳隔霄壤，事已往兮空成古今，呜呼哀哉。树萧萧兮秋峦，草萋萋兮春渚，皆从来巡幸之地，尽伊者宴游之所，灵迹何在，慈颜如睹，呜呼哀哉。载念宠渥，失于奸臣。青绳之旧污知妄，白璧之清辉可珍。如金石之音，默而复振；如镜鉴之形，昏而复新……

天祚帝（耶律延禧）于乾统元年（1101年）登基后，追谥懿德皇后为宣懿皇后，将其与道宗合葬于永福陵。追尊父亲昭怀太子为大孝顺圣皇帝，庙号顺宗。至此，这一冤案才最终宣告结束。

后人为了表达对萧观音的缅怀之情，纷纷以洗妆台（即萧观音梳妆的场所）为题，作文悼念她。其中最为著名的便数清代词人纳兰性德所作的《台城路·洗妆台怀古》。

六宫佳丽谁曾见，层台尚临芳渚。

露脚斜飞，虹腰欲断，荷叶未收残雨。

添妆何处。试问取雕笼，雪衣分付。

一镜空蒙，鸳鸯拂破白蘋去。相传

内家结束，有帕装孤稳，靴缝女古。

冷艳全消，苍苔玉匣，翻出十眉遗谱。

人间朝暮。看胭脂亭西，几堆尘土。

只有花铃，绾风深夜语。

虽然有人提出此诗为纳兰性德为怀念妻子所作，但字里行间，我们仍可以清晰地看出，词人对萧观音的不幸遭遇的同情与怜惜。

六、流为经典美诗文

萧观音传世的作品共有《谏猎疏》文一篇,《伏虎林应制》诗一首、《君臣同志华夷同风应制》诗一首、《回心院》诗十首、《怀古》诗一首、《绝命词》诗一首。这些作品均收录在《全辽文》中。

《谏猎疏》言辞恳切,以中原帝王沉溺于游猎、荒于政事的历史教训来告诫道宗不要埋头于自己的喜好之中,而忘记自己肩负国家这个重担。其中的"特以单骑从禽,深入不测,……倘有绝群之兽，果如东方所言，则沟中之豕，必败简子之驾矣。妾虽愚暗，窃为社稷忧之"则同时体现了身为妻子，她对丈夫外出游猎，常单枪匹马的不安、忧虑，与作为皇后，她对龙体有损进而危及国家社稷的担心、恐惧。萧观音从所处时代的政治核心这一高度出发，引古论今，规劝道宗不要一意孤行，以防有损于国家。这种敏锐的政治眼光和清晰的政治头脑，足以令今人叹服。

《伏虎林应制》，为清宁二年萧观音应道宗之命而作。从整首诗的布局来看，

大气磅礴，充分体现了契丹族粗犷、勇猛、豪放的民族特色。诗中的"压""翻""俱"均体现了大辽国所向披靡、无坚不摧的雄风。

《君臣同志华夷同风应制》为清宁三年，萧观音为附和道宗的《君臣同志华夷同风》而作。其诗曰：

虞庭开盛轨，王会合奇琛。

到处承天意，皆同捧日心。

文章能鹿蠡，声教薄鸡林。

大宇看交泰，应知无古今。

李正民在其《萧观音与王鼎〈焚椒录〉》一文中称："这一首五律歌颂了辽国的文治，诗人盛赞王朝承天永业之际，表现出经纶天地、股肱八方的雄才传略，襟怀阔大，颇具阳刚之美。"再仔细看这首诗，前后对仗工整，总分得当，一气呵成，展现了萧观音颇高的文学造诣。首句借古喻今，用舜、周时期社会的繁荣稳定来比喻当时的大辽国。第二

句用"承天意""捧日心"道出大辽军民同心同德，一致拥护道宗的统治。第三句更是运用夸张的手法，指出文治教化的影响，可谓与题目"华夷同风"相照应。尾句中的"交泰"更是有天地和会、国家上下风化相通、长治久安的美好寓意。此诗运用典故纯熟、典重古朴，可谓辽代女性诗作中的上乘之作。

《回心院》十首，更是多次被放在辽代文学作品之后，作为压轴之作，堪称辽代文学中的绝唱。全诗就扫殿、拂床、换枕、铺被、装帐、叠茵、展席、剔灯、爇炉、张筝十个生活细节展开描写，字里行间无不透露着作者祈盼道宗回心转意的心情。全篇情意绵绵、哀婉凄切、颇为动人。第一首诗通过"游丝络网尘作堆，积岁青苔厚阶面"，暗指自己已失宠许久的悲惨境遇。第二首紧接前首，写自己"凭梦借高唐"，这种只有凭借梦境已解相思之苦的感受，颇为感性和生动。第三首对香枕"更有双双泪痕渗"的描写，将妻子久不见丈夫，因思念而终日以泪洗面的悲切展现得淋漓尽致。第四首写作者铺被时"羞杀鸳鸯对"，面对曾经的合欢被，面对一对你侬我侬的鸳鸯，她羞愧难当，羞是因鸳鸯的如此恩爱，愧是身为妻子却没能留住丈夫。第五首中的"金钩未敢上"，更是将作者无休止的等待与期盼丈夫归来之情刻画得入木三分。第六首的"只愿身当白玉体，不愿伊当薄命人"，是作者的无奈诉说。在这皇宫豪华与尊贵的物质生活背后，是作者内心的凄凉与无助，这才有了"身当白玉体"的感叹。第七首"展瑶席，花

笑三韩碧。笑妾新铺玉一床，从来妇欢不终夕"是说作者展开瑶席，看到怒放的花朵，似乎在嘲笑自己，曾经的郎有情、妾有意，风光无限，而如今只落得孤身一人。这种物与人的对比可以突出现今的落寞。第八首"偏是君来生彩晕，对妾故作青荧荧"，更是这种嘲讽的延伸，仿佛这个屋子里的一切都在嘲笑自己，就连最微不足道的灯，似乎也在欺负孤独的作者。第九首中的"若道妾身多秽贱，自沾御体香彻肤"是将前两首的景物嘲讽上升到自嘲，更加凸显了主题，待君归。第十首是全篇的最后一首，也是点睛之作。"张鸣筝，恰恰语娇莺。一从弹作房中曲，常和窗前风雨声"。将自己弹奏《回心院》的琴声，似娇莺啼叫，清脆却夹杂着忧郁，这与窗前的风雨声相对应，不仅营造了悲凉凄惨的气氛使人怜悯，更透过娇莺来表达自己思念君王归来之意。全诗主要采用借物起兴、直抒胸臆相结合的表现手法，含蓄细腻，颇有唐代遗风。

萧观音在《十香词》后所提的《怀古》诗，是一首七言绝句。前两句采用借古喻今的手法，说赵氏姐妹独霸皇宠，虽然偌大的后宫有万千佳丽，但在她们面前都失尽颜色。正是凭借着皇帝的宠爱，她们淫乱宫廷，让皇帝沉溺于女色之中，不能自拔，从而使汉王朝走上了衰败之路。三四句主要采用托物拟人的手法，说面对如此独擅专宠的赵氏姐妹，无人敢言，只有天上的一轮明月知晓后宫内的荒诞无耻。最后一句的"窥"字，将明月俯视人间写得惟妙惟肖。如此一首生动的怀古之诗，却被耶律乙辛、张孝杰之辈诬蔑称与赵惟一传情之作。虽然"擅圣藻"的道宗也看出了其主旨为"骂飞燕也"，但禁不住奸相的一番辩驳，终因诗中含有"赵惟一"三个字而将清白的皇后囚禁。

《绝命词》为萧观音的临终之作，是她身为皇后所做的最后陈述，其情既悲壮哀婉却又无可奈何。全诗采用了骚体诗的形式，共分为六段。前两段写蒙皇上恩宠，有幸被封为皇后，作为一国之母，自己一直尽忠职守，无愧于宗庙。第三段写当自己正要励精图治辅佐君王，振兴国家的时候，却遭到奸人的陷害，蒙受冤屈。第四段是萧观音剖心的自陈。第五段写子女听到自己要被处死的消息后，悲痛欲绝的场面，突出自己确为含冤受辱。第六段"呼天地""恨古今"的描写，更为整首诗增添了一份悲壮。全诗的最后两句"知吾生兮必死，又焉爱兮旦夕"所展现出来的坦然，虽然不比英雄般的壮烈，但却是萧观音这个悲剧皇后，留给后人最深刻的印象。